VERGILIUS

DIDO ET AENEAS

refecit
Magda van Tilburg

C.C. BUCHNER

Vergilius, Dido et Aeneas

Ein Comic mit lateinischem Originaltext
und Zeichnungen von Magda van Tilburg

Antiqua Signa
http://home.wanadoo.nl/magdigit

1. Auflage 1 4321 2011 10 09 08
Die letzte Zahl bedeutet das Jahr dieses Drucks.

Alle Drucke dieser Auflage sind, weil untereinander unverändert,
nebeneinander benutzbar.

www.ccbuchner.de

Text und Gestaltung: Magda van Tilburg, Amsterdam
Druck und Bindung: creo Druck & Medienservice GmbH, Bamberg

ISBN 978-3-7661-**5607**-5

AMOREM VIRUMQUE CANO, TROIAE QUI PRIMUS AB ORIS ITALIAM FATO PROFUGUS VENIT, MULTUM ILLE ET TERRIS IACTATUS ET ALTO VI SUPERUM: NAM FLUCTIBUS OPPRESSI AENEADAE LIBYAE VERTUNTUR AD ORAS.
ROMA
TROIA
KARTHAGO
TYRUS
MARE NOSTRUM
LIBYA
HUC AENEAS SUBIT, AC MAGNO TELLURIS AMORE EGRESSI OPTATA POTIUNTUR TROES HARENA.
1

AT PIUS AENEAS PER NOCTEM PLURIMA VOLVENS, UT PRIMUM LUX ALMA DATA EST, EXIRE LOCOSQUE EXPLORARE NOVOS CONSTITUIT, UNO COMITATUS ACHATE.
2

CUI MATER MEDIA SESE TULIT OBVIA VIRGINIS OS GERENS SPARTANAE.
HEUS IUVENES, MONSTRATE, MEARUM VIDISTIS SI QUAM HIC ERRANTEM FORTE SORORUM?
3

NULLA TUARUM AUDITA MIHI NEQUE VISA SORORUM, O QUAM TE MEMOREM, VIRGO? NAMQUE HAUD TIBI VULTUS MORTALIS, NEC VOX HOMINEM SONAT! *O DEA CERTE, AN PHOEBI SOROR?*
QUO SUB CAELO TANDEM, QUIBUS ORBIS IN ORIS IACTEMUR DOCEAS: IGNARI HOMINUMQUE LOCORUMQUE ERRAMUS VENTO HUC VASTIS ET FLUCTIBUS ACTI!
4

HAUD EQUIDEM TALI ME DIGNOR HONORE! VIRGINIBUS TYRIIS MOS EST GESTARE PHARETRAM. PUNICA REGNA VIDES, TYRIOS ET AGENORIS URBEM; SED FINES LIBYCI, GENUS INTRACTABILE BELLO...
IMPERIUM DIDO TYRIA REGIT URBE PROFECTA, GERMANUM PROFICIENS. HUIC CONIUNX SYCHAEUS ERAT, DITISSIMUS AURI PHOENICUM, ET MAGNO MISERAE DILECTUS AMORE...
SED REGNA TYRI GERMANUS HABEBAT PYGMALION, SCELERE ANTE ALIOS IMMANIOR OMNIS!
5

QUOS INTER MEDIUS VENIT FUROR! ILLE SYCHAEUM IMPIUS ANTE ARAS ATQUE AURI CAECUS AMORE CLAM FERRO INCAUTUM SUPERAT, SECURUS AMORUM GERMANAE; FACTUMQUE DIU CELAVIT ET AEGRAM MULTA MALUS SIMULANS LUSIT AMANTEM...
IPSA SED IN SOMNIS INHUMATI VENIT IMAGO CONIUGIS ORA MODIS ATTOLLENS PALLIDA MIRIS; CRUDELIS ARAS TRAIECTA-QUE PECTORA FERRO NUDAVIT, CAECUMQUE SCELUS OMNE RETEXIT!
6
HIS COMMOTA FUGAM DIDO SOCIOSQUE PARABAT. PORTANTUR AVARI PYGMALIONIS OPES PELAGO; DUX FEMINA FACTI! DEVENERE LOCOS UBI NUNC INGENTIA CERNES MOENIA SURGENTEMQUE NOVAE KARTHAGINIS ARCEM.
7
...SED VOS QUI TANDEM? QUIBUS AUT VENISTIS AB ORIS? QUOVE TENETIS ITER?
8

O DEA, NOS TROIA ANTIQUA –SI VESTRAS FORTE PER AURIS TROIAE NOMEN IIT– DIVERSA PER AEQUORA VECTOS FORTE SUA LIBYCIS TEMPESTAS APPULIT ORAS. SUM PIUS AENEAS, RAPTOS QUI EX HOSTE PENATIS CLASSE VEHO MECUM; ITALIAM QUAERO PATRIAM!
BIS DENIS PHRYGIUM CONSCENDI NAVIBUS AEQUOR, MATRE DEA MONSTRANTE VIAM DATA FATA SECUTUS; VIX SEPTEM CONVULSAE UNDIS EUROQUE SUPERSUNT. IPSE IGNOTUS, EGENS, LIBYAE DESERTA PERAGRO, EUROPA ATQUE ASIA PULSUS...
9

QUISQUIS ES, HAUD –CREDO– INVISUS CAELESTIBUS AURAS VITALIS CARPIS, TYRIAM QUI ADVENERIS URBEM... PERGE MODO ATQUE HINC TE REGINAE AD LIMINA PERFER!
NAMQUE TIBI REDUCES SOCIOS CLASSEMQUE RELATAM NUNTIO, NI FRUSTRA AUGURIUM VANI DOCUERE PARENTES.
10

CORRIPUERE VIAM INTEREA, QUA SEMITA MONSTRAT, IAMQUE ASCENDEBANT COLLEM, QUI PLURIMUS URBI IMMINET ADVERSASQUE ASPECTAT DESUPER ARCES.

MIRATUR MOLEM AENEAS, MAGALIA QUONDAM, MIRATUR PORTAS STREPIDUMQUE ET STRATA VIARUM.
O FORTUNATI, QUORUM IAM MOENIA SURGUNT!
13

INFERT SE SAEPTUS NEBULA (MIRABILE DICTU) PER MEDIOS, MISCETQUE VIRIS NEQUE CERNITUR ULLI!
INSTANT ARDENTES TYRII: PARS DUCERE MUROS MOLIRIQUE ARCEM, PARS OPTARE LOCUM TECTO. HIC PORTUS ALII EFFODIUNT, HIC ALTA THEATRIS FUNDAMENTA LOCANT ALII.
14

HIC PRIMUM AENEAS SPERARE SALUTEM AUSUS! NAMQUE SUB INGENTI LUSTRAT DUM SINGULA TEMPLO REGINAM OPPERIENS, VIDET ILIACAS EX ORDINE PUGNAS BELLAQUE IAM FAMA TOTUM VULGATA PER ORBEM! ...SE QUOQUE PRINCIBUS PERMIXTUM AGNOVIT ACHIVIS!

HAEC DUM DARDANIO AENEAE MIRANDA VIDENTUR, DUM STUPET OBTUTUQUE HAERET DEFIXUS IN UNO, REGINA AD TEMPLUM, FORMA PULCHERRIMA DIDO, INCESSIT.
18

TUM FORIBUS DIVAE, MEDIA TESTITUDINE TEMPLI, RESEDIT...
IURA DABO LEGESQUE VIRIS, OPERUM LABOREM PARTIBUS AEQUABO IUSTIS AUT SORTE TRAHEBO!
19

...CUM SUBITO AENEAS CONCURSU ACCEDERE MAGNO ANTHEA VIDET TEUCRORUMQUE ALIOS, ATER QUOS TURBO ALIAS AVEXERAT ORAS!
20

OBSTIPUIT SIMUL IPSE, SIMUL PERCUSSUS ACHATES LAETITIAQUE METUQUE.
AVIDUS CONIUNGERE DEXTRAS ARDEO! QUAE FORTUNA VIRIS? SED RES ANIMUM INCOGNITA TURBAT...
21
POSTQUAM CORAM DATA COPIA FANDI, MAXIMUS ILIONEUS PLACIDO SIC PECTORE COEPIT:
O REGINA, TROES TE MISERI, VENTIS MARIA OMNIA VECTI, ORAMUS: PROHIBE INFANDOS A NAVIBUS IGNIS ET PROPIUS RES ASPICE NOSTRAS!
22
NON NOS AUT FERRO LIBYCOS POPULARE PENATIS VENIMUS, AUT RAPTAS AD LITORA VERTERE PRAEDAS... NON EA VIS ANIMO NEC TANTA SUPERBIA VICTIS!
EST LOCUS, *HESPERIAM* GRAI COGNOMINE DICUNT, TERRA ANTIQUA; NUNC FAMA MINORES ITALIAM DIXISSE DUCIS DE NOMINE GENTEM. HIC CURSUS FUIT, CUM SUBITO ADSURGENS FLUCTU NIMBOSUS ORION IN VADA CAECA TULIT PERQUE INVIA SAXA DISPULIT; HUC PAUCI VESTRIS ADNAVIMUS ORIS...
23

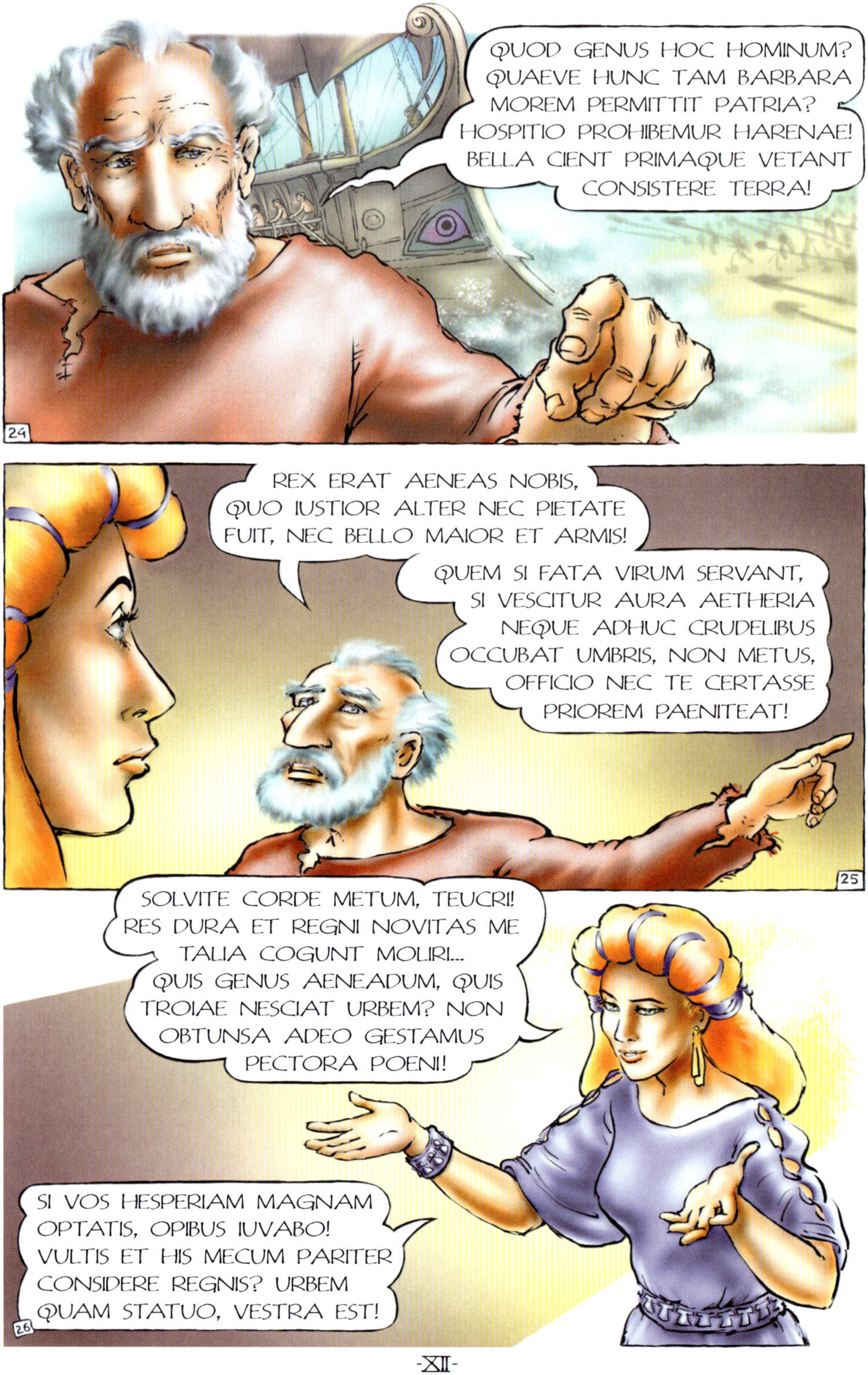
QUOD GENUS HOC HOMINUM? QUAEVE HUNC TAM BARBARA MOREM PERMITTIT PATRIA? HOSPITIO PROHIBEMUR HARENAE! BELLA CIENT PRIMAQUE VETANT CONSISTERE TERRA!
24
REX ERAT AENEAS NOBIS, QUO IUSTIOR ALTER NEC PIETATE FUIT, NEC BELLO MAIOR ET ARMIS!
QUEM SI FATA VIRUM SERVANT, SI VESCITUR AURA AETHERIA NEQUE ADHUC CRUDELIBUS OCCUBAT UMBRIS, NON METUS, OFFICIO NEC TE CERTASSE PRIOREM PAENITEAT!
25
SOLVITE CORDE METUM, TEUCRI! RES DURA ET REGNI NOVITAS ME TALIA COGUNT MOLIRI... QUIS GENUS AENEADUM, QUIS TROIAE NESCIAT URBEM? NON OBTUNSA ADEO GESTAMUS PECTORA POENI!
SI VOS HESPERIAM MAGNAM OPTATIS, OPIBUS IUVABO! VULTIS ET HIS MECUM PARITER CONSIDERE REGNIS? URBEM QUAM STATUO, VESTRA EST!
26

SUBDUCITE NAVIS!
ATQUE UTINAM REX IPSE ADFORET AENEAS...! EQUIDEM PER LITORA CERTOS DIMITTAM ET LIBYAE LUSTRARE EXTREMA IUBEBO, SI QUIBIS EIECTUS SILVIS ERRAT...
NATE DEA, QUAE NUNC ANIMO SENTENTIA SURGIT? OMNIA TUTA VIDES, CLASSEM SOCIOSQUE RECEPTOS... DICTIS RESPONDENT CETERA MATRIS!
27

VIX EA FATUS ERAT CUM CIRCUMFUSA REPENTE SCINDIT SE NUBES ET IN AETHERA PURGAT APERTUM.
RESTITIT AENEAS CLARAQUE IN LUCE REPULSIT OS UMEROSQUE DEO SIMILIS! NAMQUE IPSA DECORAM CAESARIEM NATO GENETRIX LUMENQUE IUVENTAE PURPUREUM ET LAETOS OCULIS ADFLARET HONORES.
28

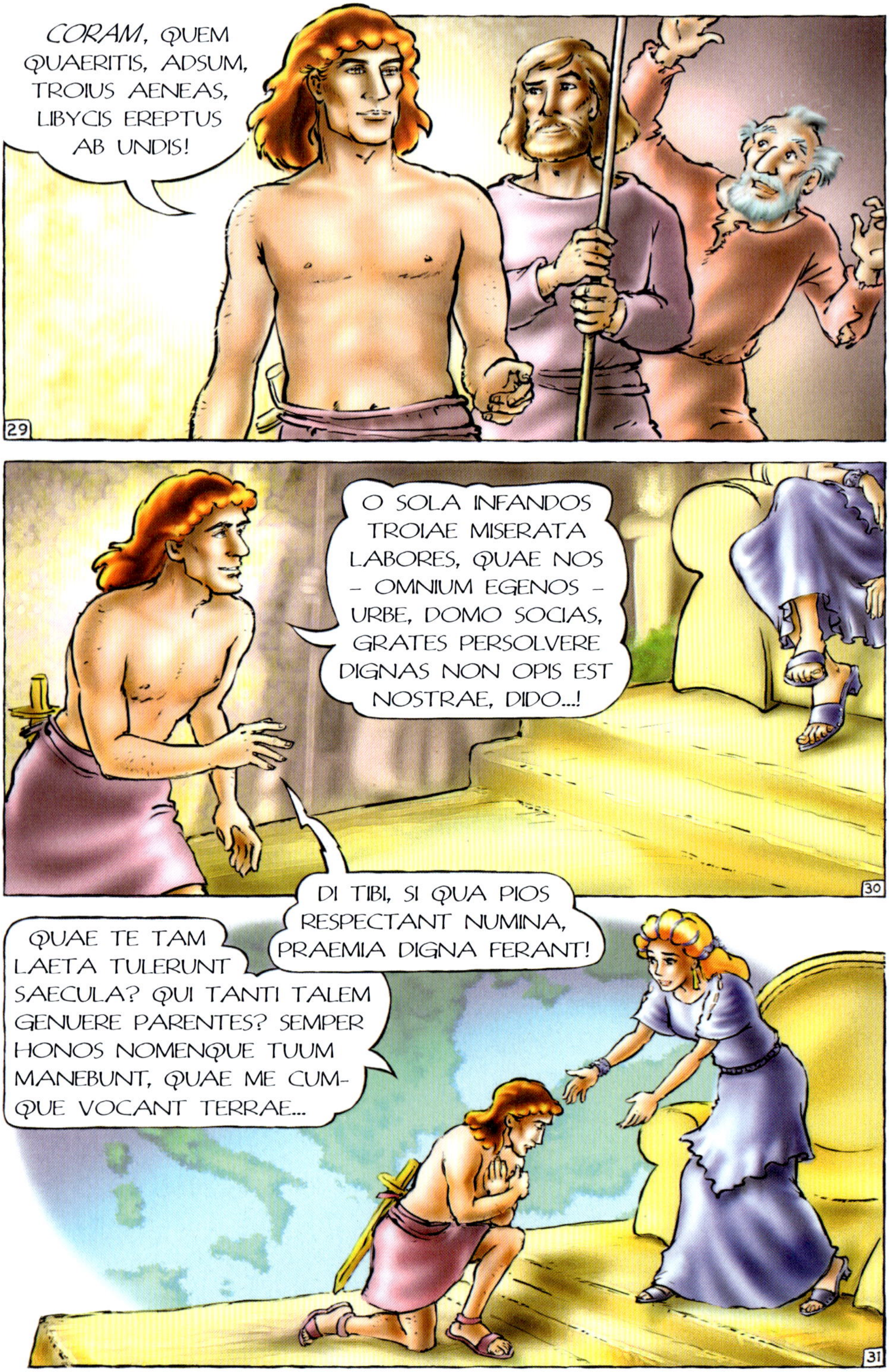
CORAM, QUEM QUAERITIS, ADSUM, TROIUS AENEAS, LIBYCIS EREPTUS AB UNDIS!
29
O SOLA INFANDOS TROIAE MISERATA LABORES, QUAE NOS – OMNIUM EGENOS – URBE, DOMO SOCIAS, GRATES PERSOLVERE DIGNAS NON OPIS EST NOSTRAE, DIDO...!
DI TIBI, SI QUA PIOS RESPECTANT NUMINA, PRAEMIA DIGNA FERANT!
30
QUAE TE TAM LAETA TULERUNT SAECULA? QUI TANTI TALEM GENUERE PARENTES? SEMPER HONOS NOMENQUE TUUM MANEBUNT, QUAE ME CUMQUE VOCANT TERRAE...
31

SIC FATUS AMICUM ILIONEA PETIT DEXTRA, POST ALIOS...
QUIS TE, NATE DEA, PER TANTA PERICULA CASUS INSEQUITUR? TUNE ILLE AENEAS QUEM DARDANIO ANCHISAE ALMA VENUS PHRYGII GENUIT SIMOENTIS AD UNDAM?
OBSTIPUIT ASPECTU SIDONIA DIDO!
32

CASUS MIHI COGNITUS URBIS TROIANAE NOMENQUE TUUM REGESQUE PELASGI...!
QUARE AGITE, O TECTIS, IUVENES, SUCCEDITE NOSTRIS! NON IGNARA MALI MISERIS SUCCURRERE DISCO...
33

AENEAN IN REGIA DUCIT. DOMUS INTERIOR REGALI SPLENDIDA LUXU INSTRUITUR, PARANT CONVIVIA.
34

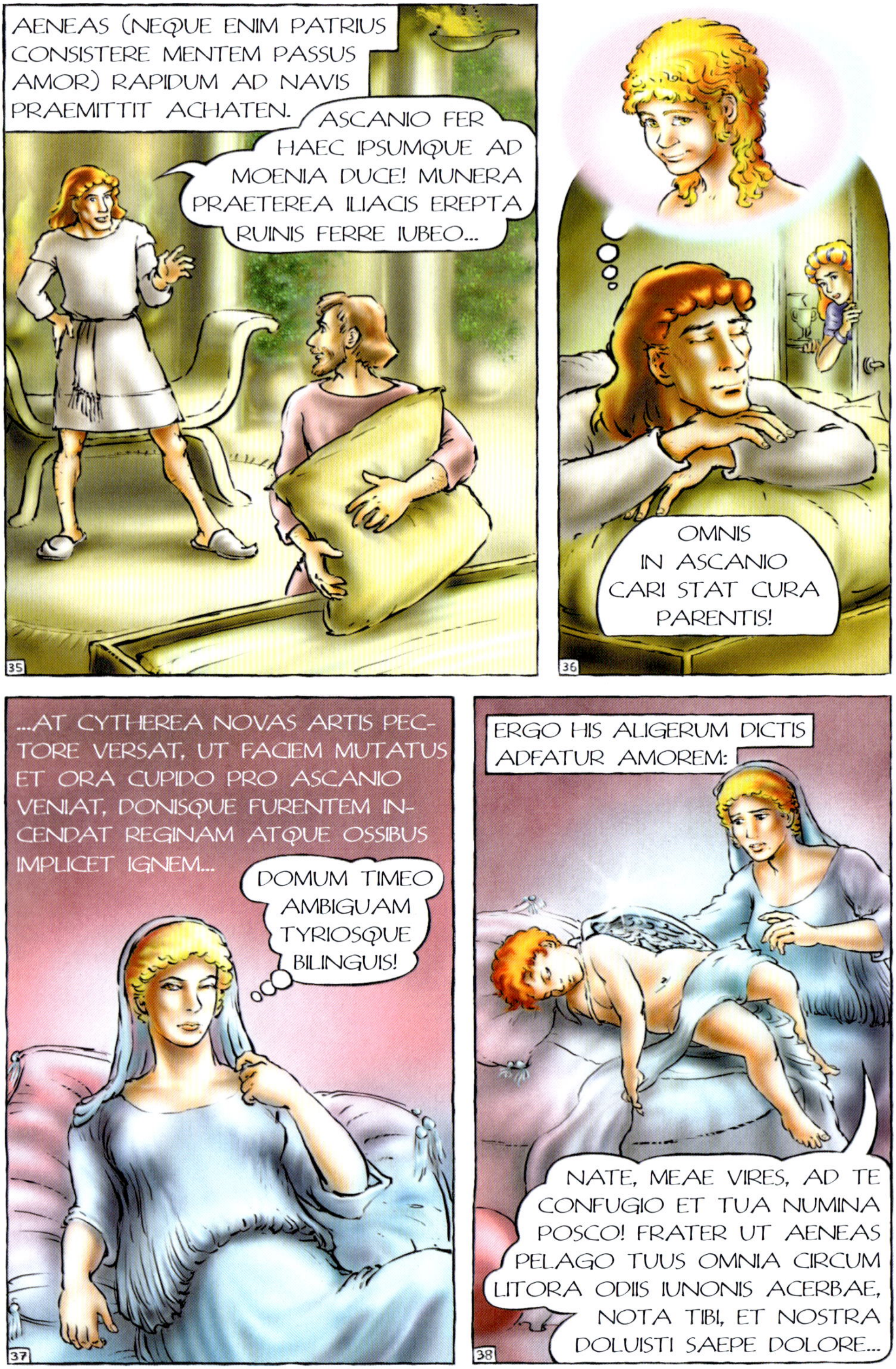
AENEAS (NEQUE ENIM PATRIUS CONSISTERE MENTEM PASSUS AMOR) RAPIDUM AD NAVIS PRAEMITTIT ACHATEN.
ASCANIO FER HAEC IPSUMQUE AD MOENIA DUCE! MUNERA PRAETEREA ILIACIS EREPTA RUINIS FERRE IUBEO...
OMNIS IN ASCANIO CARI STAT CURA PARENTIS!
...AT CYTHEREA NOVAS ARTIS PECTORE VERSAT, UT FACIEM MUTATUS ET ORA CUPIDO PRO ASCANIO VENIAT, DONISQUE FURENTEM INCENDAT REGINAM ATQUE OSSIBUS IMPLICET IGNEM...
DOMUM TIMEO AMBIGUAM TYRIOSQUE BILINGUIS!
ERGO HIS ALIGERUM DICTIS ADFATUR AMOREM:
NATE, MEAE VIRES, AD TE CONFUGIO ET TUA NUMINA POSCO! FRATER UT AENEAS PELAGO TUUS OMNIA CIRCUM LITORA ODIIS IUNONIS ACERBAE, NOTA TIBI, ET NOSTRA DOLUISTI SAEPE DOLORE...

...NUNC PHOENISSA TENET DIDO BLANDISQUE MORATUR VOCIBUS, ET VEREOR QUO SE IUNONIA VERTANT HOSPITIA! QUOCIRCA CAPERE ANTE DOLIS REGINAM MEDITOR, NE QUO SE NUMINE MUTET, SED MAGNO AENEAE TENEATUR AMORE...!
39
REGIUS ACCITU CARI GENITORIS AD URBEM SIDONIAM PUER IRE PARAT, DONA FERENS. HUNC EGO SOPITUM SOMNO RECONDAM, NE QUA SCIRE DOLOS MEDIUSVE OCCURRERE POSSIT.
TU FACIEM ILLIUS NOCTEM NON AMPLIUS UNAM FALLE, UT, CUM TE GREMIO ACCIPIET LAETISSIMA DIDO, OCCULTUM INSPIRES IGNEM!
40
41
PARET AMOR DICTIS CARAE GENETRICIS, ET ALAS EXUIT ET GRESSU GAUDENS INCEDIT IULI.
DONA CUPIDO REGIA PORTABAT TYRIIS DUCE LAETUS ACHATE. CUM VENIT, IAM SE REGINA AUREA COMPOSUIT SPONDA, IAM PATER AENEAS ET IAM TROIANA IUVENTUS CONVENIUNT.
42

TYRII MIRANTUR DONA AENEAE, MIRANTUR IULUM, FLAGRANTISQUE DEI VULTUS SIMULATAQUE VERBA! PRAECIPUE INFELIX, PESTI DEVOTA FUTURAE, EXPLERI MENTEM NEQUIT ARDESCITQUE TUENDO PHOENISSA ET PARITER PUERO DONISQUE MOVETUR...
43
ILLE UBI COMPLEXU AENEAE COLLOQUE PEPENDIT ET MAGNUM FALSI IMPLEVIT GENITORIS AMOREM, REGINAM PETIT...
44
HAEC OCULIS, HAEC PECTORE TOTO HAERET ET INTERDUM GREMIO FOVET INSCIA DIDO IN-SIDAT QUANTUS MISERAE DEUS!
45
AT MEMOR ILLE MATRIS PAULATIM ABOLERE SYCHAEUM INCIPIT ET VIVO TEMPTAT PRAE-VERTERE AMORE IAM PRIDEM RESIDES ANIMOS!

POSTQUAM PRIMA QUIES EPULIS MENSAE-QUE REMOTAE, CRATERAS MAGNOS STATUUNT ET VINA CORONANT. HIC REGINA POPOSCIT IMPLEVITQUE MERO PATERAM.
...IUPPITER, HOSPITIBUS NAM TE DARE IURA LOQUUNTUR, HUNC LAETUM TYRIISQUE DIEM TROIAQUE PROFECTIS ESSE VELIS! ADSIT BACCHUS ET BONA IUNO!
46
IN MENSAM LATICUM LIBAVIT HONOREM PRIMAQUE SUMMO TENUS ATTIGIT ORE; POST ALII PROCERES.
47
CITHARA IOPAS PERSONAT AURATA. NEC NON ET VARIO NOCTEM SERMONE TRAHEBAT INFELIX DIDO LONGUMQUE BIBEBAT AMOREM...
IMMO AGE ET A PRIMA DIC, HOSPES, ORIGINE NOBIS INSIDIAS DANAUM CASUSQUE TUORUM ERRORESQUE TUOS. NAM TE IAM SEPTIMA PORTAT ERRANTEM AESTAS...!
UNDE HOMINUM GENUS? UNDE IMBER ET IGNES?
48

CONTICUERE OMNES...
INFANDUM, REGINA, IUBES RENOVARE DOLOREM, TROIANAS UT OPES ET LAMENTABILE REGNUM ERUERINT DANAI; QUAEQUE IPSE MISERRIMA VIDI, ET QUORUM PARS MAGNA FUI!
49
SIC PATER AENEAS, INTENTIS OMNIBUS, UNUS FATA RENARRABAT DIVUM CURSUSQUE DOCEBAT.
...LONGARUM HAEC META VIARUM! HINC ME DIGRESSUM VESTRIS DEUS APPULIT ORAS.
50
CONTICUIT TANDEM FACTOQUE HIC FINE QUIEVIT.
51
AT REGINA...
52
...GRAVI IAMDUDUM SAUCIA CURA VULNUS ALIT VENIS ET CAECO CARPITUR IGNI. HAERENT INFIXI PECTORE VULTUS VERBAQUE, NEC PLACIDAM MEMBRIS DAT CURA QUIETEM...
53

POSTERA LUSTRABAT TERRAS UMENTEMQUE AURORA POLO DIMOVERAT UMBRAM, CUM SIC UNANIMAM ADLOQUITUR MALE SANA SOROREM:
ANNA SOROR, QUAE ME SUSPENSAM INSOMNIA TERRENT!
54
QUIS NOVUS HIC NOSTRIS SUCCESSIT SEDIBUS HOSPES, QUEM SESE ORE FERENS, QUAM FORTI PECTORE!
CREDO EQUIDEM -NEC VANA FIDES- GENUS ESSE DEORUM!
55
SI MIHI NON ANIMO FIXUM SEDERET, NE CUI ME VINCLO VELLEM SOCIARE IUGALI, HUIC UNI FORSAN POTUI SUCCUMBERE CULPAE...
ANNA, FATEBOR ENIM, MISERI POST FATA SYCHAEI CONIUGIS SOLUS *HIC* INFLEXIT SENSUS!
AGNOSCO VETERIS VESITIGIA FLAMMAE!
56
SED MIHI OPTEM PRIUS PATER OMNIPOTENS ABIGAT ME FULMINE AD UMBRAS, ANTE *-PUDOR-* QUAM TE VIOLO! ILLE MEOS, PRIMUS QUI ME SIBI IUNXIT, AMORES ABSTULIT... ILLE HABEAT SECUM SERVETQUE SEPULCRO!
57
O LUCE MAGIS DILECTA SORORI, SOLANE PERPETUA MAERENS CARPERE IUVENTA VENERIS NEC PRAEMIA NORIS?

ID MANIS CREDIS CURARE SEPULTOS?
ESTO: AEGRAM NULLI QUONDAM FLEXERE MARITI; DESPECTUS IARBAS DUCTORES ALII, QUOS AFRICA ALIT...
PLACITONE ETIAM PUGNABIS AMORI?
DIS EQUIDEM AUSPICI-BUS REOR ET IUNONE SECUNDA HUNC CURSUM ILIACAS VENTO TENUISSE CARINAS. QUAM TU URBEM, SOROR, HANC CERNES, QUAE SURGERE REGNA CONIUGIO TALI!
TEUCRUM COMITANTIBUS ARMIS PUNICA SE QUANTIS ATTOLLET GLORIA REBUS!
58
TU *MODO* POSCE DEOS VENIAM, SACRISQUE LITATIS INDULGE HOSPITIO CAUSASQUE INNECTE MORANDI, DUM PELAGO DESAEVIT HIEMS QUASSATAEQUE RATES...
59
HIS DICTIS IMPENSO ANIMUM FLAMMAVIT AMORE SPEMQUE DEDIT DUBIAE MENTI SOLVITQUE PUDOREM.
60

PRINCIPIO DELUBRA ADEUNT PACEMQUE PER ARAS EXQUIRUNT. PECUDUM RECLUSIS PECTORIBUS DIDO INHIANS SPIRANTIA CONSULIT EXTA.
61
HEU, VATUM IGNARAE MENTES! QUID VOTA FURENTEM, QUID DELUBRA IUVANT? EST MOLLIS FLAMMA MEDULLAS INTEREA ET TACITUM VIVIT SUB PECTORE VULNUS...
URITUR INFELIX DIDO TOTAQUE VAGATUR URBE FURENS... NUNC AENEAN SECUM PER MOENIA DUCIT, INCIPIT EFFARI...
62
...MEDIAQUE IN VOCE RESISTIT.
63
...NUNC EADEM LABENTE DIE CONVIVIA QUAERIT, ILIACOSQUE ITERUM DEMENS AUDIRE LABORES EXPOSCIT PENDETQUE ITERUM NARRANTIS AB ORE!
64

POST UBI DIGRESSI SUADENTQUE CADENTIA SIDERA SOMNOS, SOLA DOMO MAERET VACUA. ILLUM ABSENS ABSENTEM AUDITQUE VIDETQUE.
...AUT GREMIO ASCANIUM GENITORIS IMAGINE CAPTA DETINET, INFANDUM SI FALLERE POSSIT AMOREM.
PENDENT OPERA INTERRUPTA MINAEQUE MURORUM INGENTES...
QUAM SIMUL AC TALI PERSENSIT PESTE TENERI CARA IOVIS CONIUNX NEC FAMAM OBSTARE FURORI, TALIBUS ADGREDITUR VENEREM SATURNIA DICTIS:
EGREGIAM VERO LAUDEM REFERTIS TUQUE PUERQUE TUUS MAGNUM ET MEMORABILE NUMEN, UNA DOLO DIVUM SI FEMINA VICTA DUORUM EST!
NEC ME ADEO FALLIT VERITAM TE MOENIA NOSTRA SUSPECTAS HABUISSE DOMOS KARTHAGINIS!

...SENSIT VENUS ENIM SIMULATA MENTE LOCUTAM, QUO REGNUM ITALIAE LIBYCAS AVERTERET ORAS!

OCEANUM INTEREA SURGENS AURORA RELIQUIT. REGINAM THALAMO CUNCTANTEM PRIMI POENORUM EXSPECTANT. STAT SONIPES AC FRENA FEROX SPUMANTIA MANDIT. TANDEM PROGREDITUR...
NEC NON ET PHRYGII COMITES ET LAETUS IULUS INCEDUNT. IPSE ANTE ALIOS PULCHERRIMUS OMNIS INFERT SE SOCIUM AENEAS.
71

POSTQUAM ALTOS VENTUM IN MONTIS ATQUE INVIA LUSTRA, ECCE FERAE SAXI DEIECTAE VERTICE CAPRAE DECURRERE IUGIS. AT PUER ASCANIUS ACRI GAUDET EQUO! SPUMANTEM DARI OPTAT APRUM...
...AUT FULVUM DESCENDERE MONTE LEONEM!
INTEREA MAGNO MISCERI MURMURE CAELUM INCIPIT, INSEQUITUR COMMIXTA GRANDINE NIMBUS...
72

...ET TYRII COMITES PASSIM ET TROIANA IUVENTUS NEPOSQUE VENERIS DIVERSA PER AGROS TECTA METU PETIERE; RUUNT DE MONTIBUS AMNES! SPELUNCAM DIDO DUX ET TROIANUS EANDEM DEVENIUNT.
73
PRIMA ET TELLUS ET PRONUBA IUNO DANT SIGNUM...
74
FULSERE IGNES ET CONSCIUS AETHER CONUBIIS, SUMMOQUE ULULARUNT VERTICE NYMPHAE.
ILLE DIES PRIMUS LETI PRIMUSQUE MALORUM CAUSA FUIT...!
75

NEQUE ENIM SPECIE FAMAVE MOVETUR NEC IAM FURTIVUM DIDO MEDITATUR AMOREM: CONIUGIUM VOCAT, HOC PRAETEXIT NOMINE CULPAM.
76
EXTEMPLO IT FAMA PER URBES, FAMA, MALUM QUA NON ALIUD VELOCIUS ULLUM: MOBILITATE VIGET VIRISQUE ACQUIRIT EUNDO, PARVA METU PRIMO, MOX SESE ATTOLLIT IN AURAS INGREDITURQUE SOLO ET CAPUT INTER NUBILA CONDIT.
MONSTRUM HORRENDUM, INGENS, CUI QUOT SUNT CORPORE PLUMAE, TOT VIGILES OCULI SUBTER (MIRABILE DICTU), TOT LINGUAE, TOTIDEM ORA SONANT, TOT SUBRIGIT AURIS!
HAEC TUM MULTIPLICI POPULOS SERMONE REPLEBAT GAUDENS, ET PARITER FACTA ATQUE INFACTA CANEBAT: VENISSE AENEAN, CUI SE PULCHRA VIRO DIGNETUR IUNGERE DIDO! NUNC HIEMEM INTER SE LUXU FOVERE REGNORUM IMMEMORES TURPIQUE CUPIDINE CAPTOS...
77

PROTINUS AD REGEM CURSUS DETORQUET IARBAN INCENDITQUE ANIMUM DICTIS ATQUE AGGERAT IRAS.
78
HIC HAMMONE SATUS RAPTA NYMPHA AMENS ANIMI ET RUMORE ACCENSUS DICITUR ANTE ARAS IOVEM MANIBUS SUPPLEX ORASSE SUPINIS:
IUPPITER OMNIPOTENS, ASPICIS HAEC?
79
AN TE, GENITOR, CUM FULMINA TORQUES NEQUIQUAM HORREMUS? FEMINA, QUAE NOSTRIS ERRANS IN FINIBUS URBEM EXIGUAM PRETIO POSUIT, CUI LITUS ARANDUM CUIQUE LOCI LEGES DEDIMUS, CONIUBIA *NOSTRA* REPPULIT AC DOMINUM AENEAN IN REGNA RECEPIT!
80
81
ET NUNC ILLE PARIS CUM SEMIVIRO COMITATU RAPTO POTITUR; NOS MUNERA TEMPLIS QUIPPE TUIS FERIMUS FAMAMQUE FOVEMUS INANEM!

OMNIPOTENS OCULOS AD REGIAM TORSIT ET OBLITOS FAMAE MELIORIS AMANTIS.
82

TUM MERCURIUM ADLOQUITUR:
VADE AGE, NATE, DARDANIUM DUCEM, KARTHAGINE QUI NUNC EXSPECTAT FATISQUE DATAS NON RESPICIT URBES, ADLOQUERE ET DEFER MEA DICTA PER AURAS!
NON ILLUM NOBIS GENETRIX TALEM PROMISIT GRAIUMQUE IDEO BIS VINDICAT ARMIS: SED FORE QUI GRAVIDAM IMPERIIS BELLOQUE FREMENTEM ITALIAM REGERET AC TOTUM SUB LEGES MITTERET ORBEM!
83

NON NULLA ACCENDIT TANTARUM GLORIA RERUM, ASCANIONE PATER ROMANAS INVIDET ARCES? QUA SPE INIMICA IN GENTE MORATUR?
NAVIGET! HIC NOSTRI NUNTIUS ESTO!
NOVA OLYMPIA
ILLE PATRIS PARERE PARABAT IMPERIO: PEDIBUS TALARIA NECTIT AUREA, VIRGAM CAPIT.
84

AENEAN FUNDANTEM ARCES AC TECTA NOVANTEM CONSPICIT.
85

ATQUE ILLI ARDEBAT MURICE LAENA DEMISSA EX UMERIS, QUAE DIDO FECERAT. CONTINUO INVADIT:
TU NUNC KARTHAGINIS FUNDAMENTA LOCAS PULCHRAMQUE UXORIUS URBEM EXSTRUIS? HEU, REGNI RERUMQUE OBLITE TUARUM!
86
87
IPSE DEUM TIBI ME DEMITTIT OLYMPO REGNATOR; IPSE HAEC FERRE IUBET MANDATA PER AURAS: QUID STRUIS? QUA SPE LYBICIS TERIS OTIA TERRIS? SI TE NULLA MOVET GLORIA,...
...ASCANIUM RESPICE, CUI REGNUM ITALIAE ROMANAQUE TELLUS DEBETUR!
88
MEDIO IN SERMONE PROCUL IN TENUEM EX OCULIS EVANUIT AURAM...
89
AT VERO AENEAS ASPECTU OBMUTUIT.
ARDEO DULCIS RELINQUERE TERRAS, ATTONITUS TANTO IMPERIO DEORUM! QUID AGAM? QUO NUNC REGINAM AMBIRE AUDEAM ADFATU? QUAE PRIMA EXORDIA SUMAM??
90

...AT REGINA DOLOS (QUIS FALLERE POSSIT AMANTEM?) PRAESENSIT, MOTUSQUE EXCEPIT PRIMA FUTUROS OMNIA TUTA TIMENS.
!
91
EADEM IMPIA FAMA FURENTI DETULIT ARMARI CLASSEM CURSUMQUE PARARI.
92
SAEVIT INOPS ANIMI INCENSAQUE PER URBEM BACCHATUR.
93
TANDEM AENEAN COMPELLAT ULTRO.
94
DISSIMULARE ETIAM SPERASTI, *PERFIDE*, TANTUM POSSE NEFAS TACITUSQUE MEA DECEDERE TERRA?
NEC TE NOSTRA AMOR NEC TE DATA DEXTERA QUONDAM NEC MORITURA TENET CRUDELI FUNERE DIDO?
QUIN ETIAM HIBERNO MOLIRIS SIDERE CLASSEM, CRUDELIS? MENE FUGIS? EGO TE (PER CONUBIA NOSTRA, SI BENE QUID DE TE MERUI, FUIT AUT TIBI QUICQUAM DULCE MEUM) ISTAM *ORO* EXUE MENTEM!
95
TE PROPTER LIBYCAE GENTES ODERE, INFENSI TYRII! TE PROPTER EUNDEM EXSTINCTUS PUDOR...
CUI ME MORIBUNDAM DESERIS, *HOSPES* – HOC SOLUM NOMEN QUONIAM DE CONIUGE RESTAT?
96

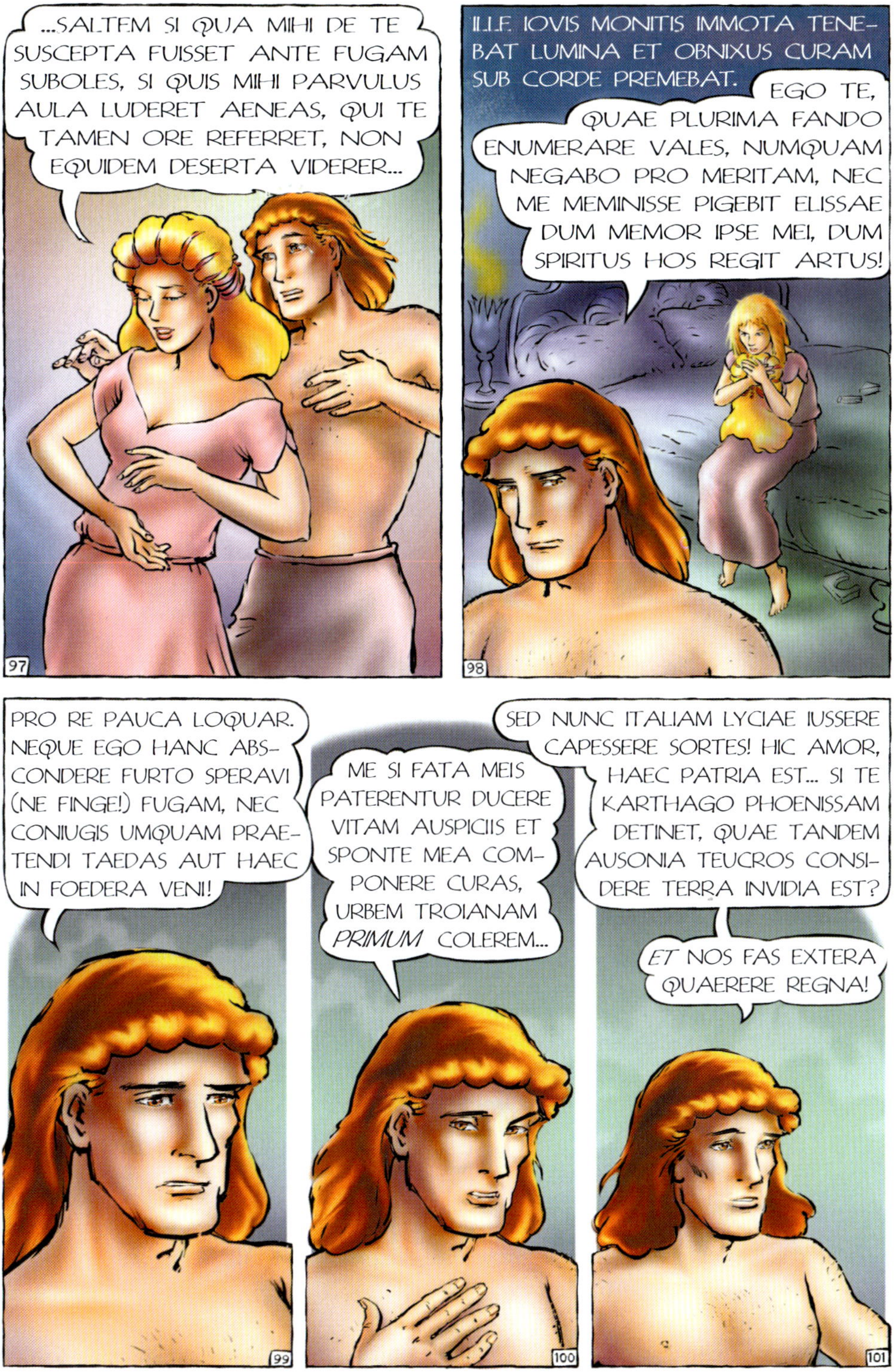
...SALTEM SI QUA MIHI DE TE SUSCEPTA FUISSET ANTE FUGAM SUBOLES, SI QUIS MIHI PARVULUS AULA LUDERET AENEAS, QUI TE TAMEN ORE REFERRET, NON EQUIDEM DESERTA VIDERER...
97
ILLE IOVIS MONITIS IMMOTA TENEBAT LUMINA ET OBNIXUS CURAM SUB CORDE PREMEBAT.
EGO TE, QUAE PLURIMA FANDO ENUMERARE VALES, NUMQUAM NEGABO PRO MERITAM, NEC ME MEMINISSE PIGEBIT ELISSAE DUM MEMOR IPSE MEI, DUM SPIRITUS HOS REGIT ARTUS!
98
PRO RE PAUCA LOQUAR. NEQUE EGO HANC ABSCONDERE FURTO SPERAVI (NE FINGE!) FUGAM, NEC CONIUGIS UMQUAM PRAETENDI TAEDAS AUT HAEC IN FOEDERA VENI!
99
ME SI FATA MEIS PATERENTUR DUCERE VITAM AUSPICIIS ET SPONTE MEA COMPONERE CURAS, URBEM TROIANAM *PRIMUM* COLEREM...
100
SED NUNC ITALIAM LYCIAE IUSSERE CAPESSERE SORTES! HIC AMOR, HAEC PATRIA EST... SI TE KARTHAGO PHOENISSAM DETINET, QUAE TANDEM AUSONIA TEUCROS CONSIDERE TERRA INVIDIA EST?
ET NOS FAS EXTERA QUAERERE REGNA!
101

ME PATRIS ANCHISAE ADMONET IN SOMNIS TURBIDA IMAGO; ME PUER ASCANIUS, QUEM REGNO HESPERIAE FRAUDO! NUNC ETIAM INTERPRES DIVUM IOVE MISSUS AB IPSO MANDATA DETULIT!
DESINE MEQUE TUIS INCENDERE TEQUE QUERELIS! ITALIAM *NON SPONTE* SEQUOR.
102
TALIA DICENTEM IAMDUDUM AVERSA TUETUR HUC ILLUC VOLVENS OCULOS TOTUMQUE PERERRAT ET SIC ACCENSA PROFATUR:
103
NON TIBI DIVA PARENS GENERIS, PERFIDE, SED DURIS GENUIT TE CAUTIBUS HORRENS CAUCASUS HYRCANAEQUE ADMORUNT UBERA TIGRES! NAM QUID DISSIMULO?
104
NUM FLETU INGEMUIT NOSTRO? NUM LACRIMAS VICTUS DEDIT AUT MISERATUS AMANTEM EST? EIECTUM LITORE EXCEPI ET REGNI DEMENS IN PARTE LOCAVI.
105
NUNC LYCIAE SORTES, NUNC ET IOVE MISSUS AB IPSO INTERPRES DIVUM FERT HORRIDA IUSSA! SCILICET IS SUPERIS LABOR EST. NEQUE TE TENEO NEQUE DICTA REFELLO!
I, SEQUERE ITALIAM VENTIS, PETE REGNA PER UNDAS! SPERO EQUIDEM MEDIIS SUPPLICIA HAUSURUM SCOPULIS ET NOMINE *'DIDO'* SAEPE VOCATURUM!
SEQUAR ATRIS IGNIBUS ABSENS ET, CUM FRIGIDA MORS ANIMA SEDUXERIT ARTUS, OMNIBUS UMBRA LOCIS ADERO!
106

DABIS, IMPROBE, POENAS! AUDIAM ET HAEC MANIS VENIET MIHI FAMA SUB IMOS!
107
MEDIUM SERMONEM ABRUMPIT SEQUE EX OCULIS AVERTIT ET AUFERT...
108
...LINQUENS MULTA METU CUNCTANTEM ET MULTA PARANTEM DICERE.
AT PIUS AENEAS, QUAMQUAM LENIRE DOLENTEM CUPIT ET AVERTERE CURAS, GEMENS MAGNOQUE LABEFACTUS AMORE,...
109
...IUSSA TAMEN EXSEQUITUR CLASSEMQUE REVISIT.
TUM VERO TEUCRI INCUMBUNT ET LITORE CELSAS DEDUCUNT TOTO NAVIS. MIGRANTIS CERNAS TOTAQUE PER URBE RUENTIS...
110
QUIS TIBI TUM, DIDO, CERNENTI TALIA SENSUS, QUOSVE DABAS GEMITUS, CUM LITORA FERVERE LATE PROSPICERES, TOTUMQUE VIDERES MISCERI ANTE OCULOS TANTIS CLAMORIBUS AEQUOR?
IMPROBE AMOR, QUID NON MORTALIA PECTORA COGIS!

...ITERUM TEMPTARE PRECANDO COGITUR ET SUPPLEX ANIMOS SUMMITTERE AMORE, NE QUID INEXPERTUM FRUSTRA MORITURA RELINQUAT.
ANNA, VIDES PROPERARI LITORE CIRCUM! MISERAE HOC UNUM EXSEQUERE MIHI; SOLAM NAM PERFIDUS ILLE TE COLERE, ARCANOS ETIAM TIBI CREDERE SENSUS; SOLA VIRI MOLLIS ADITUS NORAS!
111
I, SOROR, ATQUE HOSTEM SUPPLEX ADFARE SUPERBUM: NON *EGO* CUM DANAIS TROIANAM EXSCINDERE GENTEM IURAVI! CUR MEA DICTA NEGAT DURAS DEMITTERE IN AURIS?
QUO RUIT? EXTREMUM HOC MISERAE DET MUNUS AMANTI: EXSPECTET FACILEMQUE FUGAM VENTOSQUE FERENTIS!
112
NON IAM CONIUGIUM, QUOD PRODIDIT, ORO, NEC PULCHRO UT LATIO CAREAT REGNUMQUE RELINQUAT: TEMPUS INANE PETO, DUM MEA ME VICTAM DOCEAT FORTUNA DOLERE!
113
EXTREMAM HANC ORO VENIAM (MISERERE SORORIS), QUAM MIHI CUM DEDERIT CUMULATAM MORTE REMITTAM!
114
TALIS FLETUS FERTQUE REFERTQUE SOROR. SED NULLIS ILLE MOVETUR FLETIBUS: FATA OBSTANT PLACIDASQUE VIRI DEUS OBSTRUIT AURIS...
MENS IMMOTA MANET, LACRIMAE VOLVUNTUR INANES.
115

116
TUM VERO INFELIX FATIS EXTERRITA DIDO MORTEM ORAT; TAEDET CAELI CONVEXA TUERI. QUO MAGIS INCEPTUM PERAGAT LUCEMQUE RELINQUAT, EXAUDIVIT VOCES ET VERBA VOCANTIS VISA VIRI ANTIQUI.
117
AGIT IPSE FURENTEM IN SOMNIS FERUS AENEAS...
118
SEMPERQUE RELINQUI SOLA SIBI, SEMPER LONGAM VIDETUR IRE VIAM ET TYRIOS QUAERERE...
119
ERGO UBI CONCEPIT FURIAS DECREVITQUE MORI, TEMPUS SECUM MODUMQUE EXIGIT, ET MAESTAM DICTIS ADGRESSA SORORUM CONSILIUM VULTU TEGIT AC SPEM FRONTE SERENAT.
INVENI, GERMANA, VIAM (GRATARE SORORI) QUAE MIHI REDDAT EUM VEL EO ME SOLVAT AMANTEM!

MIHI MASSYLAE GENTIS MONSTRATA SACERDOS, HESPERIDUM TEMPLI CUSTOS, EPULAS DRACONI QUAE DABAT, SPARGENS MELLA SOPORIFERUMQUE PAPAVER...
HAEC SE CARMINIBUS PROMITTIT SOLVERE MENTES QUAS VELIT, AST ALIIS DURAS INMITTERE CURAS!
TESTOR, CARA, DEOS ET TUUM DULCE CAPUT, MAGICAS INVITAM ACCINGIER ARTIS!
TU SECRETA PYRAM TECTO INTERIORE ERIGE, ET ARMA VIRI THALAMO QUAE RELIQUIT IMPIUS EXUVIASQUE LECTUMQUE IUGALEM, QUO PERII, SUPERIMPONAS!
ABOLERE NEFANDI CUNCTA VIRI MONIMENTA IUVAT SACERDOS!
HAEC EFFATA SILET, PALLOR SIMUL OCCUPAT ORA. NON TAMEN ANNA NOVIS PRAETEXERE FUNERA SACRIS GERMANAM CREDIT. ERGO IUSSA PARAT.
120

NOX ERAT ET PLACIDUM CARPEBANT FESSA SOPOREM CORPORA PER TERRAS, SILVAEQUE ET SAEVA QUIERANT AEQUORA. AT NON INFELIX ANIMI PHOENISSA NEQUE UMQUAM SOLVITUR IN SOMNOS OCULISVE AUT PECTORE NOCTEM ACCIPIT...
EN, *QUID AGO?* RURSUSNE PROCOS INRISA PRIORES EXPERIAR, NOMADUMQUE PETAM CONUBIA SUPPLEX, QUOS EGO SIM TOTIENS IAM DEDIGNATA MARITOS?
121
ILIACIAS IGITUR CLASSIS SEQUAR? QUIS ME AUTEM, FAC VELLE, SINET RATIBUSQUE SUPERBIS INVISAM ACCIPIET? NESCIS, *HEU*, PERDITA, NECDUM LAOMEDONTEAE SENTIS PERIURIA GENTIS?
122
QUIN MORERE UT MERITA ES, FERROQUE AVERTE DOLOREM!
123
TU LACRIMIS EVICTA MEIS, *TU* PRIMA FURENTEM HIS, GERMANA, MALIS ONERAS ATQUE OBICIS HOSTI!
NON SERVATA FIDES CINERI PROMISSA SYCHAEO!
124

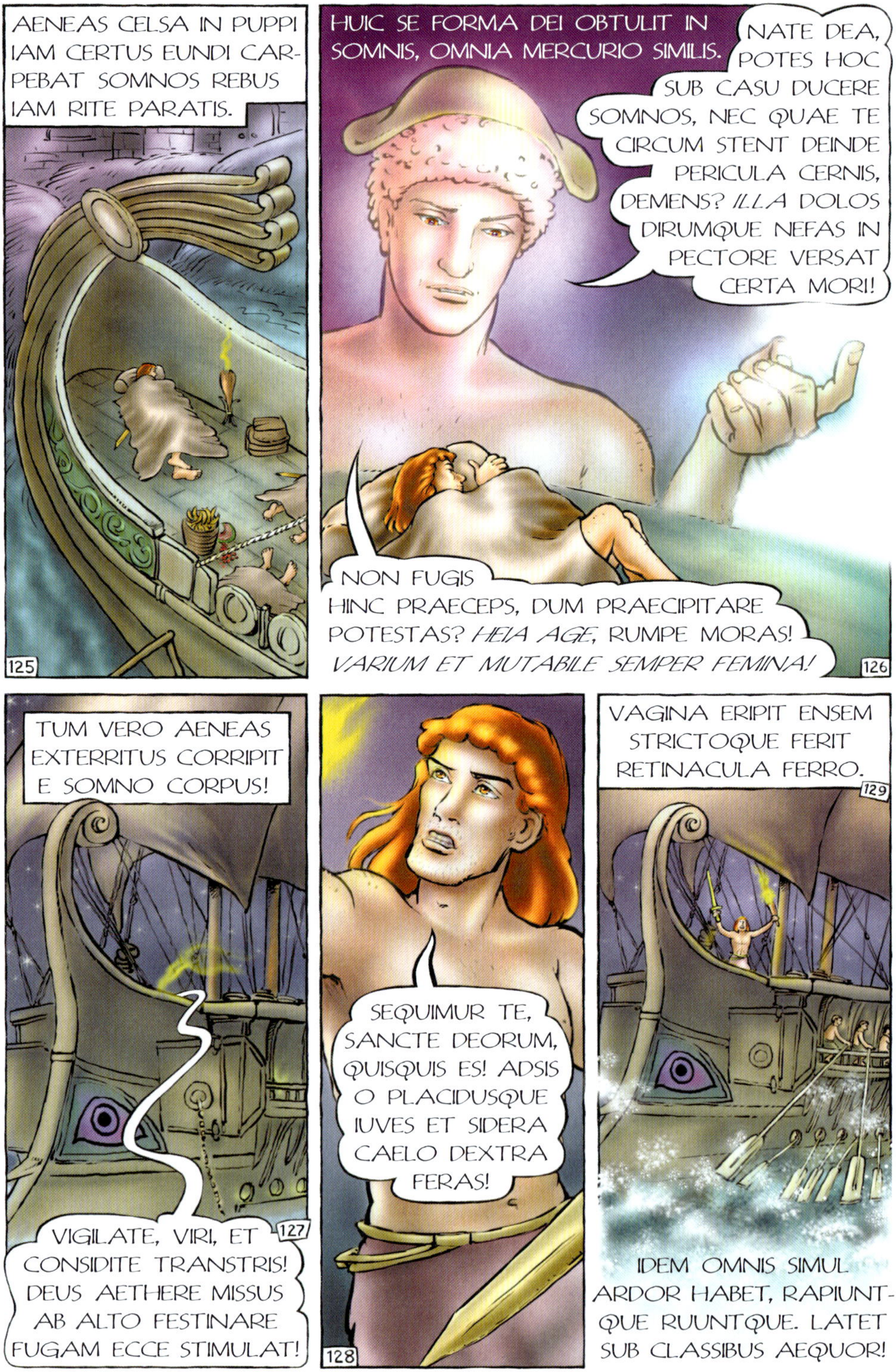
AENEAS CELSA IN PUPPI IAM CERTUS EUNDI CARPEBAT SOMNOS REBUS IAM RITE PARATIS.
125
HUIC SE FORMA DEI OBTULIT IN SOMNIS, OMNIA MERCURIO SIMILIS.
NATE DEA, POTES HOC SUB CASU DUCERE SOMNOS, NEC QUAE TE CIRCUM STENT DEINDE PERICULA CERNIS, DEMENS? *ILLA* DOLOS DIRUMQUE NEFAS IN PECTORE VERSAT CERTA MORI!
NON FUGIS HINC PRAECEPS, DUM PRAECIPITARE POTESTAS? *HEIA AGE*, RUMPE MORAS! *VARIUM ET MUTABILE SEMPER FEMINA!*
126
TUM VERO AENEAS EXTERRITUS CORRIPIT E SOMNO CORPUS!
VIGILATE, VIRI, ET CONSIDITE TRANSTRIS! DEUS AETHERE MISSUS AB ALTO FESTINARE FUGAM ECCE STIMULAT!
127
SEQUIMUR TE, SANCTE DEORUM, QUISQUIS ES! ADSIS O PLACIDUSQUE IUVES ET SIDERA CAELO DEXTRA FERAS!
128
VAGINA ERIPIT ENSEM STRICTOQUE FERIT RETINACULA FERRO.
129
IDEM OMNIS SIMUL ARDOR HABET, RAPIUNTQUE RUUNTQUE. LATET SUB CLASSIBUS AEQUOR!

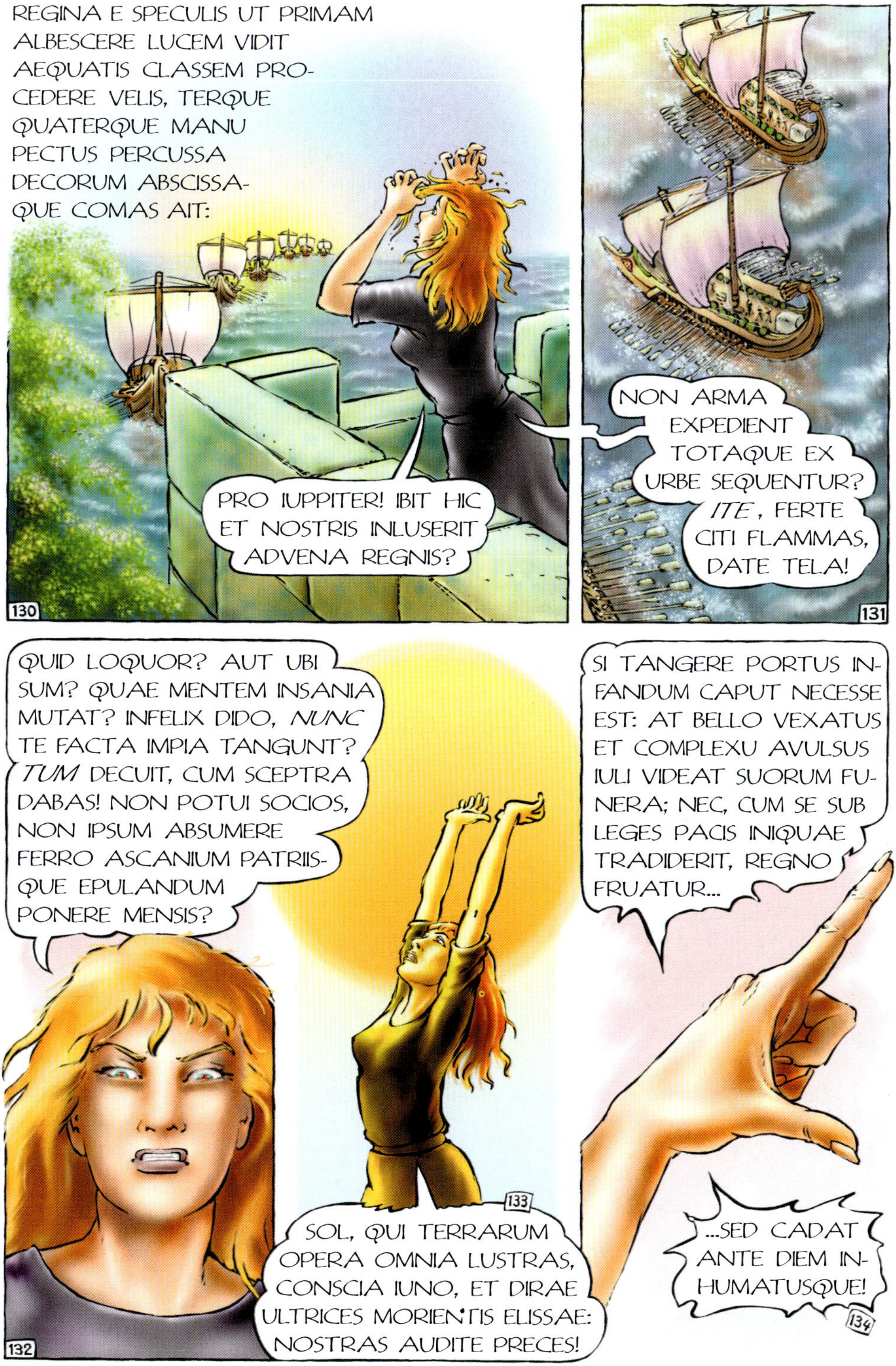
REGINA E SPECULIS UT PRIMAM ALBESCERE LUCEM VIDIT AEQUATIS CLASSEM PROCEDERE VELIS, TERQUE QUATERQUE MANU PECTUS PERCUSSA DECORUM ABSCISSAQUE COMAS AIT:
PRO IUPPITER! IBIT HIC ET NOSTRIS INLUSERIT ADVENA REGNIS?
130
NON ARMA EXPEDIENT TOTAQUE EX URBE SEQUENTUR? *ITE*, FERTE CITI FLAMMAS, DATE TELA!
131
QUID LOQUOR? AUT UBI SUM? QUAE MENTEM INSANIA MUTAT? INFELIX DIDO, *NUNC* TE FACTA IMPIA TANGUNT? *TUM* DECUIT, CUM SCEPTRA DABAS! NON POTUI SOCIOS, NON IPSUM ABSUMERE FERRO ASCANIUM PATRIISQUE EPULANDUM PONERE MENSIS?
132
SOL, QUI TERRARUM OPERA OMNIA LUSTRAS, CONSCIA IUNO, ET DIRAE ULTRICES MORIENTIS ELISSAE: NOSTRAS AUDITE PRECES!
133
SI TANGERE PORTUS INFANDUM CAPUT NECESSE EST: AT BELLO VEXATUS ET COMPLEXU AVULSUS IULI VIDEAT SUORUM FUNERA; NEC, CUM SE SUB LEGES PACIS INIQUAE TRADIDERIT, REGNO FRUATUR...
...SED CADAT ANTE DIEM INHUMATUSQUE!
134

TUM VOS, O TYRII, STIRPEM ET GENUS OMNE FUTURUM EXERCETE ODIIS, CINERIQUE HAEC MITTITE NOSTRO MUNERA!
EXORIARE ALIQUIS NOSTRIS EX OSSIBUS ULTOR QUI FACE DARDANIOS FERROQUE SEQUARE COLONOS, NUNC, OLIM, QUOCUMQUE DABUNT SE TEMPORE VIRES!
135
136
LITORA LITORIBUS CONTRARIA, FLUCTIBUS UNDAS IMPRECOR, ARMA ARMIS: PUGNENT IPSIQUE NEPOTESQUE!
HAEC AIT, INVISAM QUAERENS QUAM PRIMUM ABRUMPERE LUCEM... TUM BREVITER NUTRICEM ADFATA SYCHAEI.
ANNAM, CARA MIHI NUTRIX, HUC SISTE! SACRA IOVI STYGIO, QUAE PARAVI, PERFICERE EST ANIMUS FINEMQUE IMPONERE CURIS DARDANIIQUE ROGUM CAPITIS PERMITTERE FLAMMAS!
GRADUM CELERABO!
137

AT TREPIDA ET COEPTIS IMMANIBUS EFFERA DIDO, SANGUINEAM VOLVENS ACIEM ET PALLIDA MORTE FUTURA, INTERIORA DOMUS INRUMPIT LIMINA...
138
ALTOS CONSCENDIT FURIBUNDA ROGOS ENSEMQUE RECLUDIT DARDANIUM, NON HOS QUAESITUM MUNUS IN USUS.
139
HIC, POSTQUAM ILIACAS VESTIS NOTUMQUE CUBILE CONSPEXIT, DIXIT NOVISSIMA VERBA.
DULCES EXUVIAE, DUM FATA DEUSQUE SINEBAT, ACCIPITE HANC ANIMAM MEQUE HIS EXSOLVITE CURIS!
140
VIXI ET QUEM DEDERAT CURSUM FORTUNA PEREGI, ET NUNC MAGNA MEI SUB TERRAS IBIT IMAGO.
141
URBEM PRAECLARAM STATUI, MEA MOENIA VIDI, ULTA VIRUM POENAS INIMICO A FRATRE RECEPI...
...FELIX, HEU NIMIUM FELIX, SI LITORA TANTUM NUMQUAM DARDANIAE TETIGISSENT NOSTRA CARINAE!
142

OS IMPRESSA TORO AIT:
MORIEMUR INULTAE, SED MORIAMUR! SIC, SIC IUVAT IRE SUB UMBRAS. HAURIAT HUNC OCULIS IGNEM CRUDELIS AB ALTO DARDANUS, ET NOSTRAE SECUM FERAT OMINA MORTIS!
143
DIXERAT, ATQUE ILLAM MEDIA INTER TALIA FERRO CONLAPSAM ASPICIUNT COMITES, ENSEMQUE CRUORE SPUMANTEM SPARSASQUE MANUS.

IT CLAMOR AD ALTA ATRIA: CONCUSSAM BACCHATUR FAMA PER URBEM. LAMENTIS GEMITUQUE ET FEMINEO ULULATU TECTA FREMUNT, RESONAT PLANGORIBUS AETHER.
144
AUDIIT SOROR UNGUIBUSQUE ORA FOEDANS ET PECTORA PUGNIS PER MEDIOS RUIT, AC MORIENTEM NOMINE CLAMAT.
HOC ILLUD, GERMANA, FUIT? ME FRAUDE PETEBAS? *HOC* ROGUS ISTE MIHI PARABAT?
145
QUID PRIMUM DESERTA QUERAR? COMITEMNE SOROREM SPREVISTI MORIENS?
EADEM ME AD FATA VOCASSES: IDEM AMBAS FERRO DOLOR ATQUE EADEM HORA TULISSET!
HIS ETIAM STRUXI MANIBUS PATRIOSQUE VOCAVI DEOS, SIC TE UT POSITA, CRUDELIS, ABESSEM?
146

EXSTINXTI TE MEQUE, SOROR, POPULUMQUE PATRESQUE SIDONIOS URBEMQUE TUAM!
DATE, VULNERA LYMPHIS ABLUAM ET, EXTREMUS SI QUIS SUPER HALITUS ERRAT, ORE LEGAM!
SEMIANIMEM SINU GERMANAM AMPLEXA FOVEBAT ATQUE ATROS SICCABAT VESTE CRUORES.
ILLA GRAVIS OCULOS CONATA ATTOLLERE RURSUS DEFICIT; INFIXUM STRIDIT SUB PECTORE VULNUS.
TER SESE ATTOLLENS CUBITOQUE ADNIXA LEVAVIT,...
TER REVOLUTA TORO EST OCULISQUE ERRANTIBUS ALTO QUAESIVIT CAELO LUCEM...

...INGEMUITQUE REPERTA.
153
TUM IUNO OMNIPOTENS LONGUM MISERATA DOLOREM DIFFICILISQUE OBITUS IRIM DEMISIT QUAE LUCTANTEM ANIMAM NEXOSQUE RESOLVERET ARTUS.
154
IRIS CROCEIS PER CAELUM ROSCIDA PENNIS MILLE TRAHENS VARIOS ADVERSO SOLE COLORES DEVOLAT...
155
...ET SUPRA CAPUT ASTITIT.
HUNC EGO DITI SACRUM IUSSA FERO TEQUE ISTO CORPORE SOLVO!
156
ET DEXTRA CRINEM SECAT;
OMNIS ET UNA DILAPSUS CALOR ATQUE IN VENTOS VITA RECESSIT.
157

INTEREA MEDIUM AENEAS IAM CLASSE TENEBAT ITER, MOENIA RESPICIENS QUAE IAM INFELICIS ELISSAE COLLUCENT FLAMMIS.
QUAE TANTUM ACCENDERIT IGNEM CAUSA LATET: MAGNO SED AMORE DOLORES POLLUTO NOTUMQUE FURENS QUID FEMINA POSSIT TRISTE PER AUGURIUM TEUCRORUM PECTORA DUCUNT.
158
NOX ATRA POLUM BIGIS SUBVECTA TENEBAT. VISA DEHINC FACIES PARENTIS ANCHISAE SUBITO TALES EFFUNDERE VOCES:
NATE, MIHI VITA QUONDAM -DUM VITA MANEBAT- CARE MAGIS: IMPERIO IOVIS HUC VENIO!
159
GENS DURA ATQUE ASPERA CULTU DEBELLANDA TIBI LATIO EST. DITIS TAMEN ANTE INFERNAS ACCEDE DOMOS ET CONGRESSUS PETE, NATE, MEOS. ELYSIUM COLO. HUC CASTA SIBYLLA TE DUCET!
160
TUM GENUS OMNE TUUM ET QUAE DENTUR MOENIA DISCES!
161
IAMQUE VALE! ME SAEVUS EQUIS ORIENS AFFLAVIT ANHELIS...
162

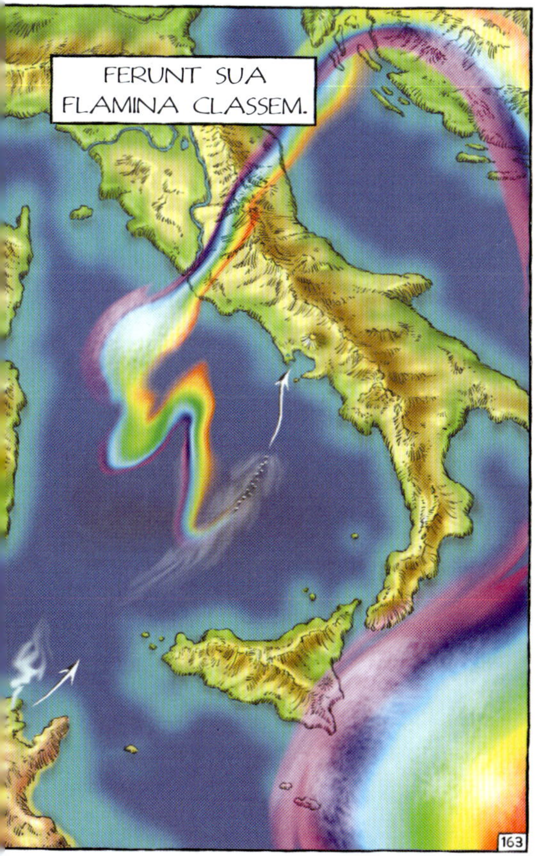
FERUNT SUA
FLAMINA CLASSEM.
163

TANDEM CUMARUM ADLABITUR ORIS! OBVERTUNT PELAGO PRORAS; TUM DENTE TENACI ANCORA FUNDABAT NAVIS, ET LITORA CURVAE PRAE-TEXUNT PUPPES.
IUVENUM MANUS EMICAT ARDENS LITUS IN HESPERIUM...
164

AT PIUS AENEAS ARCES QUIBUS ALTUS APOLLO PRAESIDET HORRENDAEQUE PROCUL SECRETA SIBYLLAE, ANTRUM IMMANE, PETIT, CUI DELIUS VATES APERIT FUTURA...
65

EXCISUM LATUS RUPIS IN ANTRUM, QUO LATI DUCUNT ADITUS CENTUM, OSTIA CENTUM, UNDE RUUNT TOTIDEM VOCES, RESPONSA SIBYLLAE.
166
VENTUM ERAT AD LIMEN, CUM VIRGO AIT:
POSCERE FATA TEMPUS! DEUS *ECCE* DEUS!
167
O SANCTISSIMA VATES, UNUM ORO: QUANDO HIC INFERNI IANUA REGIS DICITUR, IRE AD CONSPECTUM CARI GENITORIS CONTINGAT. DOCEAS ITER! POTES NAM OMNIA!
168
SPELUNCA FUIT VASTO IMMANIS HIATU, TUTA LACU NIGRO NEMORUMQUE TENEBRIS.
169
TU INVADE VIAM VAGINAQUE ERIPE FERRUM! NUNC ANIMIS OPUS, AENEA, NUNC PECTORE FIRMO!
170

TANTUM EFFATA FURENS ANTRO SE IMMISIT APERTO; ILLE DUCEM HAUD TIMIDIS VADENTEM PASSIBUS AEQUAT.
71

DI, QUIBUS IMPERIUM EST ANIMARUM, UMBRAEQUE SILENTES, SIT MIHI FAS AUDITA LOQUI, SIT NUMINE VESTRO PANDERE RES CALIGINE MERSAS!
IBANT OBSCURI SOLA SUB NOCTE PER DOMOS DITIS VACUAS ET INANIA REGNA.
BELLUM
AH, MULTA VARIARUM MONSTRA FERARUM!
LETUM
OHE, TENUIS SINE CORPORE VITAS VOLITANT CAVA SUB IMAGINE FORMAE!
METUS
172

HINC VIA TARTAREI QUAE FERT ACHERONTIS AD UNDAS. TURBIDUS HIC CAENO VASTAQUE VORAGINE GURGES AESTUAT.
PORTITOR HAS HORRENDUS AQUAS SERVAT TERRIBILI SQUALORE CHARON.
173
HAEC OMNIS, QUEM CERNIS, INHUMATA TURBA EST. HI, QUOS VEHIT UNDA, SEPULTI.
174
ACCIPIT CHARON ALVEO INGENTEM AENEAN. GEMUIT SUB PONDERE CUMBA SUTILIS ET ACCEPIT RIMOSA PALUDEM.
TANDEM TRANS FLUVIUM INCOLUMIS VATEMQUE VIRUMQUE EXPONIT. CERBERUS HAEC LATRATU REGNA TRIFAUCI PERSONAT...
EI SOPORATAM OFFAM OBICIO! OCCUPE ADITUM CUSTODE SEPULTO.
175
CONTINUO....
AU...AUDIO VOCES! V...VAGITUS INGENS!
INFANTUM ANIMAE FLENT, QUOS AB UBERE RAPTOS ABSTULIT ATRA DIES ET FUNERE MERSIT ACERBO.

HOS IUXTA FALSO DAMNATI CRIMINE MORTIS. NEC VERO HAE SINE SORTE DATAE, SINE IUDICE, SEDES; QUAESITOR MINOS URNAM MOVET.
177

NEC PROCUL HINC MONSTRANTUR *LUGENTES CAMPI*; HIC QUOS DURUS AMOR CRUDELI TABE PEREDIT SECRETI CELANT CALLES;...
178

...CURAE NON IPSA IN MORTE RELINQUUNT!
179

...INTER QUOS RECENS A VULNERE DIDO ERRABAT. QUAM TROIUS HEROS UT PRIMUM IUXTA STETIT AGNOVITQUE PER UMBRAS OBSCURAM (QUALEM PRIMO QUI SURGERE MENSE AUT VIDET AUT VIDISSE PUTAT PER NUBILA LUNAM), DEMISIT LACRIMAS DULCIQUE ADFATUS AMORE EST:

NEC CREDERE QUIVI HUNC TANTUM TIBI ME DISCESSU FERRE DOLOREM...!
181
SISTE GRADUM TEQUE ASPECTU NE SUBSTRAHE NOSTRO! QUEM FUGIS? *EXTREMUM* FATO QUOD TE ADLOQUOR HOC EST!
182
TALIBUS AENEAS ARDENTEM ET TORVA TUENTEM LENIBAT DICTIS ANIMUM LACRIMASQUE CIEBAT.
ILLA SOLO FIXOS OCULOS AVERSA TENEBAT; NEC MAGIS INCEPTO VULTUM SERMONE MOVETUR QUAM SI DURA SILEX STET...
183
TANDEM CORRIPUIT SESE ATQUE INIMICA REFUGIT IN NEMUS, CONIUNX UBI PRISTINUS ILLI RESPONDET CURIS SYCHAEUS...
184 FINIS
NEC MINUS AENEAS CASU CONCUSSUS INIQUO PROSEQUITUR LACRIMIS LONGE ET MISERATUR EUNTEM.
...*AMOR!*

Kolophon

Der Text dieses Comics ist zu finden in Vergils *Äneis* wie folgt:

Buch I : Verse 1-4/ 157-158/ 170-172 - Seite 3
305-756 - Seiten 4-19

Buch II : 1-6 - Seite 20

Buch III: 714-718 - Seite 20

Buch IV : 1-705 - Seiten 20-47

Buch V : 1-7/ 721-739 - Seite 48
834 - Seite 49

Buch VI : 2-12 - Seite 49
42-46/ 65/ 106-109/ 117/ 237-238/ 260-261 - Seite 50
262-270 - Seiten 51-52
293-299/ 325-326 - Seite 52
412-476 - Seiten 52-55

Insgesamt gilt: Hier und da wurden Verse oder Versteile zugunsten eines flüssigeren Textverlaufs weggelassen.